100

DÍAS DE COMUNIÓN, SABIDURÍA Y GRACIA

J.A.PÉREZ

Keen Sight Books

Puede encontrarnos en la red en: www.KeenSightBooks.com
Reportar errores de imprenta a errata@keensightbooks.com

ISBN: 978-0615703855

Printed in the U.S.A.

este libro es dedicado a Samuel, Jesse y Amy

...mis hijos y gran tesoro.

gracias

A mi Dios, por todo. A mi esposa e hijos, quienes

pacientemente me prestan de su tiempo para escribir.

A mi equipo por su ardua labor en todo trabajo literario.

A mi madre por su ayuda en las correcciones al manuscrito.

A Link, nuestro hermoso gato que fielmente me acompaña

mientras escribo.

Contenido

INTRODUCCIÓN

¿Por qué leer este libro varias veces y más?
Este no es un libro con una historia que tiene principio y fin. Es un manual, un libro de referencia para la vida diaria. Los consejos y principios en este libro son para ser visitados continuamente, para meditar en ellos y refrescar nuestro espíritu continuamente.

Repetición hace perfección

"Por lo demás, hermanos, gozaos en el Señor. A mí no me es molesto el escribiros las mismas cosas, y para vosotros es seguro. Filipenses 3:1"

Yo tengo la costumbre de a veces repetir un concepto hasta cuatro veces en una misma predicación usando sinónimos o diferentes ilustraciones, y parecería que estoy tocando cuatro puntos diferentes, pero en realidad aunque las figuras cambian, el concepto es el mismo y está siendo repetido. Puedo percibir en las caras y los gestos de la audiencia cuando no han captado algo, y se que no tiene nada que ver con el coeficiente de inteligencia de los receptores... más bien

9

pienso que yo (el predicador) no he logrado comunicar la idea correctamente.

De igual manera, en el ministerio, repetir ciertos principios doctrinales es buena práctica.

Leer un mismo texto varias veces también nos ayuda a meditar en el mismo y esto nos alimenta nuestro entendimiento y espíritu.

Entrego en sus manos estas reflexiones, las cuales fueron llegando a mi mente en el diario caminar. Es mi oración que sean de gran provecho a su vida de la manera que lo han sido para mi.

El Autor

1 Su poder a tu favor

"Porque los ojos de Jehová contemplan toda la tierra, para mostrar su poder a favor de los que tienen corazón perfecto para con él. 2 Crónicas 16:9"

Dios quiere mostrar su poder para con tu vida. Tal es así que Dios está continuamente buscando una oportunidad para mostrar su poder a tu favor.

Que el favor de Dios te rodee en cada decisión y Él habite en cada uno de tus pensamientos... Que cada relación y negocio sea fructífero y cada acción que salga de tu vida agrade a tu creador. Que Dios ordene tus IDEAS y puedas crear nuevas avenidas para que todo propósito santo sea cumplido en todo aquello en que pongas tu mano...

"Los pensamientos del diligente ciertamente tienden a la abundancia. Proverbios 21:5"

Que este día sea fructífero y muy productivo. Que todos tus asuntos se concreten con el favor del Altísimo. Que Dios te use en cada relación, palabra o acción y que Él, sea glorificado en todo.

2 Libres de culpa y sin ninguna falta

"...y ahora ustedes son santos, libres de culpa y pueden presentarse delante de él sin ninguna falta. Colosenses 1:22" (NTV)

Una de las cosas que interrumpe a un creyente en tener comunión con Dios es la culpa. El sentimiento de culpa te hace que te de pena presentarte delante de Dios pues te hace sentir sucio, hipócrita e inmerecedor. Sin embargo, Dios nos hizo "santos" (apartados para él y limpios) no por nuestros méritos (comportamiento), sino por los méritos de Cristo (su trabajo completado en la Cruz).

Con este conocimiento podemos establecer comunión con Dios, pues Él nos ve sin ninguna falta... nos ve limpios. Gloria a Dios.

Es la LEY que daba combustible al pecado... pero ya fue QUITADA así que ya NO te puede acusar...

"porque el fin de la ley es Cristo, para justicia a todo aquel que cree. Romanos 10:4"

"... donde no hay ley, tampoco hay transgresión. Romanos 4:15"

3 Ningún General ha llegado a 5 estrellas sin heridas

La señal de madurez en un líder son las marcas que lleva en su alma... cicatrices que muestran haber llegado al otro lado de la batalla, vez tras vez.

Pablo dice:

"De aquí en adelante nadie me cause molestias; porque yo traigo en mi cuerpo las marcas del Señor Jesús. Gálatas 6:17"

La carrera del que sirve a Cristo es larga y necesita continuos ajustes.

Al igual que un soldado, las luchas de esa carrera nos dejan heridas y marcas que con el tiempo se convertirán en experiencias que nos permitirán ayudar a otros.

Por eso, aquellos que han madurado y crecido en el servicio, traen marcas... estas son las marcas del soldado aprobado... aquél que en sus años más fructíferos es útil para el Reino y de mucho ejemplo para aquellos que comienzan esa carrera.

Cada herida que hoy hace sangrar tu espíritu, un día se convertirá en una marca, en un testimonio viviente.

4 ¿Donde están los que te acusan?

¿Donde están los que te acusan? Eres libre porque quien te acusaba ya fue quitado. Era la LEY quien te acusaba.

"Mas el pecado, tomando ocasión por el mandamiento, produjo en mí toda codicia; porque sin la ley el pecado está muerto. Romanos 7:8"

Al igual que la mujer que fue sorprendida en el acto... y los que la acusaban (los fariseos - "LA LEY") tuvieron que irse, así también quien te acusaba a ti (LA LEY), ya NO está.

Y Cristo te dice:

¿Donde están los que te acusan? ¿Ninguno te condenó? ... Ni yo te condeno... (Jn 8:10 11)

5 Tesoro en vasos de barro

"Pero tenemos este tesoro en vasos de barro, para que la excelencia del poder sea de Dios, y no de nosotros, 2 Corintios 4:7"

Somos un tesoro en sus manos. Dios nos ve como tesoro... y de mucho valor. Sin embargo, ese tesoro está en vasos de barro... es decir somos vasijas frágiles... pero que Dios usa.

Te invito a no mirar el barro en las personas (las imperfecciones, las fallas, etc...)

Miremos el tesoro en la gente... de la manera en que Dios los ve.

6 ¿Bajo cual régimen deseas estar?

Bajo la Ley Dios dice: *"...yo soy Jehová tu Dios, fuerte, celoso, que visito la maldad de los padres sobre los hijos hasta la tercera y cuarta generación... Deuteronomio 5:9"*

Bajo la Gracia Dios dice: *"nunca más me acordaré de sus pecados y de sus iniquidades... Hebreos 8:12"*

¿Bajo cual régimen deseas estar?

Terapia vs. Gracia

TERAPIA: Te mantiene re-visitando tu pasado.

GRACIA: Borra tu pasado.

¿Cual crees que es mejor?

7 Nuestra libertad de culpa y cargo no se basa en la obediencia a la ley

"...nuestra libertad de culpa y cargo no se basa en la obediencia a la ley. Está basada en la fe. Romanos 3:27" (NTV)

Yo creo que el "poder del pecado" consiste más en la culpa que deja en la persona que lo comete, que en el mismo acto de transgresión.

La religión te enseña que guardando reglas (ley, mandamientos) te mantienes libre de culpa, sin embargo esto no es bíblico puesto que nadie ha podido ser fiel a la ley completamente.

¿Entonces, cómo puedo ser libre de culpa?

La respuesta es sencilla... Por Fe.

El texto dice que nuestra libertad de culpa no se basa en la obediencia a la ley, sino que está basada en la Fe.

Necesitas CREER que el sacrificio perfecto de Cristo en

la Cruz fue SUFICIENTE para quitar tu pecado, y si ese pecado ya fue quitado, entonces por Fe recibo libertad de la culpa que ese pecado había traído...

No puedes seguir cargando la culpa por un pecado que ya no está ahí.

Fue por SU obediencia que fuiste salvo... no por la tuya.

"Porque así como por la desobediencia de un hombre los muchos fueron constituidos pecadores, así también por la obediencia de uno los muchos serán constituidos justos. Rom 5:19"

8 El querer como el hacer

"porque Dios es el que en vosotros produce
así el querer como el hacer, por su buena voluntad.
Filipenses 2:13"

El hacer bien es algo que no nace de nosotros. Por causa del pecado el hombre por naturaleza es inclinado a hacer el mal.

Es Dios "en nosotros" quien produce cualquier deseo de hacer el bien. Él está en absoluto control.

Dependemos de su Soberanía

Dios rige todas las cosas conforme al antojo de su voluntad... ¡TODO!

"Como los repartimientos de las aguas, Así está
el corazón del rey en la mano de Jehová; A todo lo que
quiere lo inclina. Prov 21:1"

Dependemos de su Soberanía.

9 No te descalifiques

"Y he aquí vino un leproso y se postró ante él, diciendo: Señor, SI QUIERES, puedes limpiarme. Jesús extendió la mano y le tocó, diciendo: QUIERO; sé limpio. Y al instante su lepra desapareció. Mateo 8:2,3"

Todos sabemos y creemos que Dios es poderoso para sanarnos o librarnos de cualquier situación.

Sin embargo algunos de nosotros es probable pensemos que Dios NO quiera hacerlo porque no lo merecemos, o no calificamos porque hemos fallado en algo. La realidad es que Jesús, no solamente puede sanarte, Él QUIERE hacerlo aunque no lo merezcas.

En realidad NO nos merecemos nada (Rom 3) sin embargo Él nos ha dado todo por su favor inmerecido hacia nosotros. Él PUEDE y QUIERE sanarte y librarte de tu situación. RECÍBELO

10 El diablo es un asunto resuelto

El diablo YA fue derrotado... Fue anunciado aquí:

"Ahora es el juicio de este mundo; ahora el príncipe de este mundo será echado fuera. Juan 12:31"

y se cumplió en la muerte de Cristo en la Cruz:

"Así que, por cuanto los hijos participaron de carne y sangre, él también participó de lo mismo, para destruir por medio de la muerte al que tenía el imperio de la muerte, esto es, al diablo. Heb 2:14"

Eso lo hace un asunto resuelto... Dediquémonos a hablar de Cristo y las grandes riquezas de su Gloria en los santos...(Ef 1:18).

11 ¿Quien es tu amo?

"...el que toma prestado es siervo del que presta.
Proverbios 22:7"

¿Quien es tu amo? Deber algo a alguien te puede poner en una posición muy incomoda. Por ejemplo: En la necesidad de agradar a quien te ha prestado porque te sientes comprometido.

Tener que decir "Sí" a quien te ha prestado cuando te pide un favor (en ocasiones, algo que no quieres hacer) pero no puedes decir "No" por pena. Mientras debas, estarás atado(a) a quien te presta.

Ha venido el acreedor para tomarse dos hijos míos por siervos

"No debáis a nadie nada, sino el amaros unos a otros... Romanos 13:8"

Deber te pone en esclavitud. El que te presta es tu amo (Prov 22:7).

Debemos ser responsables, especialmente como padres y mayordomos del hogar, pues cuando debemos, metemos en esclavitud aun a nuestros hijos. Recuerde las palabras de la viuda en los días de Eliseo... **"ha venido el acreedor para tomarse dos hijos míos por siervos 2 Reyes 4:1"**

Deber pone en riesgo a tu familia... te hace ponerle nuevos amos a tus hijos.

Es mi oración HOY que seas liberado(a) de ese yugo.

12 ¡El Señor es tu mejor socio!

"Reconócelo en todos tus caminos, Y él enderezará tus veredas. Prov 3:6"

La versión NTV dice así: *"Busca su voluntad en todo lo que hagas, y él te mostrará cuál camino tomar."*

No tengas temor reconocer al Señor e incluirlo en tus asuntos y "en todo lo que hagas".

Él no está ahí para castigarte en el primer momento que falles o para criticar tu proceder.

Su presencia en todos tus asuntos es para guiarte y "mostrarte cuál camino tomar".

¡¡El Señor es tu mejor socio!!

13 Todavía no es el Fin

Si tus hermanos te venden (te traicionan), aun no es el fin.

José fue vendido como esclavo por sus mismos hermanos y pareciera que este era su fin, sin embargo, Dios estaba con José, y cuando Dios está contigo NADIE puede terminar tu carrera.

Cuando todo se cierra y parece que es el fin, es porque Dios está preparando un nuevo comienzo... una nueva y mejor etapa.

"Mas Jehová estaba con José, y fue varón próspero; y estaba en la casa de su amo el egipcio. Y vio su amo que Jehová estaba con él, y que todo lo que él hacía, Jehová lo hacía prosperar en su mano. Génesis 39:2-3"

14 El Corazón de una Madre

"Pero María guardaba todas estas cosas, meditándolas en su corazón. Lc 2:19"

Hoy se celebra el "Día de las Madres" y qué mejor que aprender algunas lecciones de la madre de Jesús...

María era una mujer muy observadora... en el verso 51 dice de nuevo: *"Y su madre guardaba todas estas cosas en su corazón"*.

Nadie conoce mejor a un hijo que su madre. Las madres pueden ver cosas que otros no ven y yo creo que esto es una habilidad que Dios les ha dado.

Maria observaba a Jesús. A pesar de ser su madre, ella sabía que el niño no era como otros niños.

Ella lo vio crecer y entendía su ministerio, y esto es comprobado en las bodas de Caná cuando ella dijo a los que servían: *"Haced todo lo que os dijere"*, respetando su autoridad y poder y sometiendo todo a su voluntad.

Aun cuando sus discípulos (excepto Juan) huyeron a esconderse a la hora de su muerte, su madre permaneció a su lado. (Juan 19:25)

Tu madre te conoce y nunca te va a dejar.

15 Poderoso Gigante

"Mas Jehová está conmigo como poderoso gigante; por tanto, los que me persiguen tropezarán, y no prevalecerán; serán avergonzados en gran manera, porque no prosperarán; tendrán perpetua confusión que jamás será olvidada. Jeremías 20:11"

No solamente dice la Biblia que Dios está conmigo... dice que está conmigo *"como poderoso gigante"*.

1- Él está conmigo aunque yo no lo sienta. Su palabra lo dice y eso es suficiente.

2- Él es mucho más grande que yo y más grande que mis enemigos. Nadie le puede vencer.

Ninguna circunstancia, enfermedad, prueba o cualquier otra cosa que se ponga en mi camino podrá jamás traspasar la grandeza de Dios.

Él es grande en tamaño, en amor y en misericordia.

"Misericordioso y clemente es Jehová; Lento para la ira, y grande en misericordia. Salmos 103:8; 145:8"

Dios con Nosotros

"He aquí, una virgen concebirá y dará a luz un hijo, Y llamarás su nombre Emanuel, que traducido es: Dios con nosotros. Mt 1:23"

El hecho de que Dios está conmigo cambia todas las cosas. No tengo que enfrentar nada solo... En cada situación, prueba o reto, Él está presente.

Cuando Dios está presente, todo saldrá bien.

16 Dios puede derretir tu problema

Tu montaña de problemas puede ser derretida delante del Señor.

"Los montes se derritieron como cera delante de Jehová,Delante del Señor de toda la tierra. Salmos 97:5"

La versión NTV dice: *"Las montañas se derriten como cera delante del Señor, delante del Señor de toda la tierra."*

No hay problema muy grande para tu Dios. Trae HOY tus preocupaciones y tus ansiedades al Señor y reposa creyendo que Él sabe mejor que nosotros como lidiar con ello.

"echando toda vuestra ansiedad sobre él, porque él tiene cuidado de vosotros. 1 Pedro 5:7"

17 Definición de éxito de acuerdo a Dios

"Cuando los mercaderes ismaelitas llevaron a José a Egipto, lo vendieron a Potifar, un oficial egipcio. Potifar era capitán de la guardia del faraón, rey de Egipto. El Señor estaba con José, por eso tenía éxito en todo mientras servía en la casa de su amo egipcio. Gen 39:1-2"

Imagínese que usted ha sido vendido como esclavo, no tiene ninguna propiedad, está en un país extraño y lejos de su familia.

Conforme a la definición moderna humanista, tener éxito significa *"acumular bienes y reconocimientos"*, y tristemente esta filosofía ha penetrado la Iglesia.

Sin embargo, conforme a Dios, *"éxito"* es otra cosa.

José había sido vendido como esclavo, pero ***"El Señor estaba con José"***... entonces *"éxito"* no consiste en cuanto tienes, pero *"a quien tienes"*.

Si tienes a Jesús en tu vida, si él está contigo, entonces aunque no tengas posición, bienes o reconocimiento, tienes éxito.

18 Dios está de tu parte

"¿Qué, pues, diremos a esto? Si Dios es por nosotros, ¿quién contra nosotros? Rom 8:31"

Dios está de tu lado. No porque te lo hayas ganado o porque tu perfecto comportamiento lo haya persuadido a ponerse de parte tuya... Él está de tu lado porque así lo decidió.

Sí, Él estuvo airado con nosotros en un tiempo, por causa del pecado que nos separaba de El, pero en la Cruz, Dios vertió su ira sobre su propio hijo.

Jesucristo tomó nuestro lugar y desde entonces tenemos paz y acceso al Padre, y no solo eso...

Dios está complacido con nosotros, no por nuestro esfuerzo u obediencia, sino por la obediencia (Fil 2:8) de Cristo (quien tomó nuestro lugar). Vive confiado(a) HOY...

Dios está de tu parte.

19 Eres Especial

"Mas vosotros sois linaje escogido, real sacerdocio, nación santa, pueblo adquirido por Dios, para que anunciéis las virtudes de aquel que os llamó de las tinieblas a su luz admirable... 1 Pedro 2:9 (RV60)"

El principio del texto denota el favor de Dios sobre nosotros. Somos gente especial. Linaje escogido, real sacerdocio, nación santa.

Todo esto dice lo que valemos para Dios... lo que Dios piensa de nosotros. Sin embargo, el texto no para ahí mas revela el propósito por el cual somos tan especiales: *"para que anunciéis las virtudes de aquel... (Cristo)"*.

En otras palabras, la razón por la cual eres tan especial es porque Dios te ha llamado a *"anunciar"* y Dios usa gente especial. Entonces es un privilegio que Dios nos tenga en tan alta estima, y es aun más privilegio el poder ser partícipes de su labor de *"anunciar"*.

La versión NTV dice que somos: ***"posesión exclusiva de Dios"*** y luego dice: ***"Por eso pueden mostrar a otros la bondad de Dios"***... Muestra HOY la bondad de Dios porque eres especial.

20 Sin él, nada podéis hacer

"Si Jehová no edificare la casa, En vano trabajan los que la edifican; Si Jehová no guardare la ciudad, En vano vela la guardia. Salmos 127:1"

Jesús quiere que reposes en EL. Puede ser que intentemos tener éxito o conquistar logros apoyándonos en nuestras habilidades, pero al final nos damos cuenta que todos nuestros esfuerzos sin la guianza de Dios no nos llevan muy lejos.

Pablo dijo a los Gálatas:

"De Cristo os desligasteis, los que por la ley os justificáis; de la gracia habéis caído. Gálatas 5:4"

Caer de la Gracia NO significa perder tu salvación.

La palabra Gracia significa *"favor inmerecido"*, y es todo aquello que Cristo obtuvo para ti en la Cruz.

Caer de la Gracia significa *"salir del reposo"* y regresar a la Ley (esfuerzo propio), en otras palabras *"caer de Gracia a Ley"* o *"caer del favor de Dios a tus propios esfuerzos"*.

HOY, reposa en Cristo porque sin EL, nada podéis hacer.

"Yo soy la vid, vosotros los pámpanos; el que permanece en mí, y yo en él, éste lleva mucho fruto; porque separados de mí nada podéis hacer. Jn 15:5"

21 La presencia de Jesús en tu vida es un regalo

"Entonces el velo del templo se rasgó en dos, de arriba abajo. Marcos 15:38"

La presencia de Jesús en tu vida es un regalo.

Tu no hiciste nada para merecerla. Ninguna cantidad de obras pudiera conseguirla.

Cuando Jesús murió en la cruz, el velo del templo se rasgó de arriba a abajo y en ese momento nosotros tuvimos acceso al lugar santísimo (donde siempre habita su presencia).

Si tu te hubieras ganado (por tus obras) el derecho a estar en su presencia, tu podrías salirte de ella en el momento que ya tus obras no fueran agradables, pero eso no es el caso...

Fue por lo que Cristo logró en la Cruz que nosotros tenemos su presencia, no por nuestros esfuerzos. Por eso, cuando tu fallas, Él permanece fiel... Él no te hecha fuera.

Él te restaura en amor y consolación.

"Por Jehová son ordenados los pasos del hombre, Y él aprueba su camino. Cuando el hombre cayere, no quedará postrado, Porque Jehová sostiene su mano. Salmos 37:23,24"

22 Su favor está sobre ti

"Estos patriarcas tuvieron envidia de su hermano José y lo vendieron para que fuera esclavo en Egipto; pero Dios estaba con él y lo rescató de todas sus dificultades; y Dios le mostró su favor ante el faraón, el rey de Egipto. Dios también le dio a José una sabiduría fuera de lo común, de manera que el faraón lo nombró gobernador de todo Egipto y lo puso a cargo del palacio. Hechos 7:9-10 (NTV)"

Es cierto. Cuando el Favor de Dios está sobre ti, algunos te van a tener envidia. El Favor de Dios siempre estuvo con José, y todo lo que José hacía, donde quiera que estuviera, prosperaba.

La mano de José hacia prosperar las cosas, Dios le había dado a José la habilidad de hacer todas las cosas con excelencia y dice la Biblia que.: *"toda excelencia de obras despierta la envidia... Eclesiastés 4:4"*

Cuando el favor de Dios está contigo, Dios te da la

habilidad de hacer las cosas con excelencia y sobresalir donde quiera que estés (ya sea en tu trabajo, en tu negocio, en tu deporte, etc). Mas Dios te va a proteger porque Él cuida a los suyos.

La frase **"Dios mostró su favor"** en la versión Reina Valera 60 se traduce **"le dio Gracia"**.

Gracia es *"favor inmerecido"*, en otras palabras el *"Favor de Dios"* sobre tu vida NO es algo que tu te puedes ganar.

Dios te lo da aunque no lo merezcas (y en realidad por nuestros méritos ninguno de nosotros merecemos nada).

No temas hacer las cosas bien. No tengas temor al éxito por lo que otros puedan decir o hacer. Dios hará que todo funcione para bien.

Si eres un hijo o una hija de Dios, su favor está sobre ti.

23 La Sabiduría es como la medicina preventiva

> *"Mas el que me oyere, habitará confiadamente Y vivirá tranquilo, sin temor del mal. Prov 1:33"*

Esta es la sabiduría hablando.

El verso 20 comienza diciendo: *"La sabiduría clama en las calles"* y luego da las consecuencias de no oírle (24-32) y en el verso 33 da los frutos de oírle.

En otras palabras oír a la sabiduría trae buenos resultados y esto es acumulativo (se practica como costumbre por largo tiempo).

En el día de la aflicción NO puedes correr a buscar sabiduría pues no se adquiere instantáneamente.

Entonces debemos de aprender a tomar la sabiduría de forma preventiva... como una vitamina que causa buenos resultados acumulativos... si se toma por un buen tiempo.

"Cuando la sabiduría entrare en tu corazón, Y la ciencia fuere grata a tu alma, La discreción te guardará; Te preservará la inteligencia. Prov 2:10-11"

24 Dios ha prometido protegerte de la lengua ajena

"Ninguna arma forjada contra ti prosperará, y condenarás toda lengua que se levante contra ti en juicio. Isaías 54:17"

Dios ha prometido protegerte de la lengua ajena. No debes preocuparte por lo que otros digan de ti, no importa cuan bajo sea el ataque.

Aun la difamación no te puede dañar porque Dios ha prometido que *"no prosperará"*.

Solo cuídate de no crear resentimiento con quien te critica. Perdónalos y confía en la justicia de Dios.

En lugar de preocuparte por lo que la critica te pueda dañar... ocupa tu mente en adorar a Dios y en el desarrollo de tu relación con Él y en cosas productivas.

Dios te está cuidando.

"Bienaventurados sois cuando por mi causa os vituperen y os persigan, y digan toda clase de mal contra vosotros, mintiendo. Mateo 5:11"

25 No toda promoción es bendición

"La bendición del Señor enriquece a una persona y él no añade ninguna tristeza. Proverbios 10:22"

Siempre digo que no toda promoción es buena.

Si el nuevo puesto o la nueva responsabilidad te saca de tu zona de paz, es probable que debas reconsiderar.

Es fácil asumir que en el momento que nos hacen jefe y nos aumentan el salario, ha sido obra o favor de Dios, pero, si esa promoción te traerá nuevos niveles de stress, presión y preocupaciones al punto que puedan afectar tu salud, o si te quita tiempo de estar con tu familia o te interrumpe ir a la iglesia a adorar a Dios y crecer en su palabra... entonces la promoción ha venido a ser un tropiezo.

Jamas cambies tu salud, paz, y comunión con Dios y tus seres queridos por dinero o reputación... no vale la pena. Es mejor aprender a vivir con menos dinero y conservar todos los valores antes mencionados.

"Mejor es lo poco con el temor de Jehová, Que el gran tesoro donde hay turbación. Proverbios 15:16"

26 Gracia consiste en RECIBIR y CONTINUAR RECIBIENDO lo que no merecemos

"Y él os dio vida a vosotros, cuando estabais muertos en vuestros delitos y pecados... Efesios 2:1"

Dios no esperó a que tu te portaras bien para entonces salvarte.

Él te salvó sin que tu calificaras. No hiciste nada para merecerlo y NO puedes hacer nada para continuar recibiendo su favor.

La Gracia de Dios en nuestra vida consiste en RECIBIR y CONTINUAR RECIBIENDO lo que no merecemos.

27 Tu Padre celestial quiere que reines en vida

"Pues si por la transgresión de uno solo reinó la muerte, mucho más reinarán en vida por uno solo, Jesucristo, los que reciben la abundancia de la gracia y del don de la justicia. Romanos 5:17"

Tu Padre celestial quiere que *"reines en vida"*.

No tienes que esperar a ir al cielo para comenzar a reinar con él.

"En vida" quiere decir *"ahora"*, *"hoy"*. Los que hemos recibido *"la abundancia de su Gracia"* reinamos en vida HOY, no por lo que hagamos o nos merezcamos, sino por lo que Jesucristo logró en su muerte.

28 Los Estragos de la abundancia

"toda excelencia de obras despierta la envidia...
Eclesiastés 4:4"

Ese es el precio que hay que pagar cuando hacemos las cosas con el favor de Dios.

Isaac fue muy prosperado por Dios a causa de una siembra que rindió gran cosecha en ese mismo año.

Dice la Biblia:

"Y sembró Isaac en aquella tierra, y cosechó aquel año ciento por uno; y le bendijo Jehová. El varón se enriqueció, y fue prosperado, y se engrandeció hasta hacerse muy poderoso. Y tuvo hato de ovejas, y hato de vacas, y mucha labranza; y los filisteos le tuvieron envidia. Gen 26:12-14"

Fue muy bendecido, sin embargo NO pudo evitar que los filisteos le tuvieran envidia.

Quizá ese sea uno de los estragos de la abundancia.

El otro estrago que trae la abundancia es la persecución.

Jesús dijo:

"De cierto os digo que no hay ninguno que haya dejado casa, o hermanos, o hermanas, o padre, o madre, o mujer, o hijos, o tierras, por causa de mí y del evangelio, que no reciba cien veces más ahora en este tiempo; casas, hermanos, hermanas, madres, hijos, y tierras, con persecuciones; y en el siglo venidero la vida eterna. Marcos 10:29-30"

¿Qué prefieres, vivir en escasez y que todos hablen bien de ti, o disfrutar del favor de Dios en tu vida aunque algunos te persigan a causa de la envidia?

29 Verdadera libertad es cuando no tenemos nada que probar

"sino que según fuimos aprobados por Dios para que se nos confíase el evangelio, así hablamos; no como para agradar a los hombres, sino a Dios... 1 Tesalonicenses 2:4"

En realidad la única aprobación que necesitamos es la de Dios.

Si vives tratando de recibir la aprobación de los hombres jamas serás muy feliz. Toma mucha energía seguir tratando de buscar aceptación.

La única aceptación que realmente necesitamos es la de Dios, y ya Él *"nos hizo aceptos en el Amado (Efesios 1:6)"*

Verdadera libertad es cuando no tenemos nada que probar...

30 Tus obras ya son agradables a Dios

"Aunque majes al necio en un mortero entre granos de trigo majados con el pisón, No se apartará de él su necedad. Proverbios 27:22"

Es imposible que tu esfuerzo logre cambiar lo que alguien piensa de ti. Tratar de que otros cambien el concepto que tienen de ti toma mucha energía y arroja pocos resultados.

Se tu. No cambies tu manera de ser para influir el concepto que otros tengan de ti. Eso te saca de tu paz.

No dejes de hacer nada, preocupado por la opinión ajena. Agrada a tu Creador en todo lo que hagas... con eso ya es suficiente. Tu Padre Celestial ya está complacido contigo.

"Anda, y come tu pan con gozo, y bebe tu vino con alegre corazón; porque tus obras ya son agradables a Dios. Eclesiastés 9:7"

31 Justicia, Paz y Gozo

"porque el reino de Dios no es comida ni bebida, sino justicia, paz y gozo en el Espíritu Santo. Rom14:17"

A veces vivimos una vida muy agitada preocupados por cuestiones del diario... ¿Cómo vamos a pagar la renta? ¿Cómo vamos a enfrentar gastos, problemas, etc.?

Jesús dijo en Mateo 6:33:

"Mas buscad primeramente el reino de Dios y su justicia, y todas estas cosas os serán añadidas."

¿Qué significa buscar el reino de Dios? Pablo dice que ese reino no consiste en comida ni bebida, sino en justicia, paz y gozo en el Espíritu Santo. Ya Dios nos ha dado su justicia y saber esto nos trae paz y gozo. ¡Reciba su paz HOY y camine en el gozo del Señor!

32 ¿Cómo agradar a Dios?

El Antiguo Pacto consistía en HACER.

El Nuevo Pacto consiste en RECIBIR.

Bajo la Ley, siempre estabas tratando de agradar a Dios, pero nunca era suficiente, por lo tanto nunca te sentías en Paz. Bajo el Nuevo Pacto dice Pablo en Romanos 14:17 que *"el Reino de Dios NO consiste en comida ni bebida"*, en otras palabras NO es por lo que te abstengas o dejes de abstenerte...

El Apóstol dice que el Reino consiste en: *"justicia, paz y gozo en el Espíritu Santo"*

Entonces el versículo 18 dice:

"Porque el que en esto sirve a Cristo, agrada a Dios, y es aprobado por los hombres".

Recibir su Justicia (que ya sucedió cuando fuimos salvos) nos permite RECIBIR su Paz y su Gozo... RECIBIENDO estas cosas AGRADAMOS a Dios.

33 Entenderle y conocerle

"Así dijo Jehová: No se alabe el sabio en su sabiduría, ni en su valentía se alabe el valiente, ni el rico se alabe en sus riquezas. Mas alábese en esto el que se hubiere de alabar: en entenderme y conocerme, que yo soy Jehová, que hago misericordia, juicio y justicia en la tierra; porque estas cosas quiero, dice Jehová. Jeremías 9:23-24"

Nuestro éxito NO depende de nuestra sabiduría ni de nuestra valentía ni de lo que poseamos materialmente.

Nuestro éxito consiste en. *"Entender y Conocer"* al Señor.

34 Dios ha prometido que NUNCA te va a dejar

"No te desampararé, ni te dejaré
Hebreos 13:5"

Dios ha prometido que NUNCA te va a dejar. Eso no depende de tus obras o tus esfuerzos para agradar a Dios.

Está fuera y por encima de ti, y la razón es porque Cristo ya fue abandonado en tu lugar, y esto sucedió en la cruz.

"Cerca de la hora novena, Jesús clamó a gran voz, diciendo: Elí, Elí, ¿lama sabactani? Esto es: Dios mío, Dios mío, ¿por qué me has desamparado? Mateo 27:46"

35 Verdadero Valor

"Entonces viendo el denuedo de Pedro y de Juan, y sabiendo que eran hombres sin letras y del vulgo, se maravillaban; y les reconocían que habían estado con Jesús. Hechos 4:13"

La palabra *"denuedo"* en la versión NTV es *"valor"*.

Ciencia y Educación son importantes, te preparan para la vida, pero no te dan *"valor"*.

Verdadero *"valor"* para enfrentar la vida, las circunstancias y las pruebas viene como resultado de andar con Jesús.

36 Admirando, explorando, exponiendo, y exaltando el trabajo completo de Jesucristo

Números 21 versos 8 y 9 dicen:

"Y Jehová dijo a Moisés: Hazte una serpiente ardiente, y ponla sobre una asta; y cualquiera que fuere mordido y mirare a ella, vivirá. Y Moisés hizo una serpiente de bronce, y la puso sobre una asta; y cuando alguna serpiente mordía a alguno, miraba a la serpiente de bronce, y vivía".

La serpiente de bronce es tipo de Jesucristo en la cruz. Nuestra vista debe estar en Cristo no en nosotros, no en cómo nos sentimos, no en nuestras emociones, pero en el trabajo completo y perfeccionado de Cristo en la cruz.

El evangelio os objetivo, no subjetivo.

El teólogo escocés Sinclair Ferguson indicó: *"la orientación evangélica es interna y subjetiva, somos mucho mejores mirando hacia adentro que mirando hacia afuera".*

Escuche bien amado, en lugar de estar mirando pera adentro vamos a emplear nuestra energía admirando, explorando, exponiendo, y exaltando el trabajo completo de Jesucristo.

37 El vínculo perfecto

Colosenses capítulo 3 dice el verso 14

"Y sobre todas estas cosas vestíos de amor que es el vínculo perfecto".

El amor de Dios es el vínculo perfecto.

"Vínculo" significa enlace.

Toda relación humana funciona por medio de enlaces, por medio de vínculos. Cuando el amor de Dios no está en nosotros se dañan las relaciones humanas, se daña lo único que puede mantenernos unidos.

Si la relación con su cónyuge ha sido dañada, o con sus hijos, o con seres queridos... el amor de Dios puede solucionar eso.

Es mi oración que toda relación en su vida sea sanada.

38 Recibe una libre conciencia HOY

El Antiguo Pacto no pudo jamás libertar completamente a nadie. De hecho, era un pacto defectuoso.

"Porque si aquel primero hubiera sido sin defecto, ciertamente no se hubiera procurado lugar para el segundo. Hebreos 8:7"

El sacerdote debía continuar ofreciendo los mismos sacrificios cada año. Pero la culpa del pecado seguía estando presente.

"Y ciertamente todo sacerdote está día tras día ministrando y ofreciendo muchas veces los mismos sacrificios, que nunca pueden quitar los pecados. Hebreos 10:11"

Todo esto fue ANTES que viniera Cristo y con una sola ofrenda resolviera el problema del pecado de una vez y para siempre.

Mientras Cristo no haya llegado a tu vida... por tantos sacrificios, sacramentos o religión que tengas, jamás tendrás una conciencia libre de pecado.

¡Qué bueno que vino Cristo!

"Pero ahora tanto mejor ministerio es el suyo, cuanto es mediador de un mejor pacto, establecido sobre mejores promesas. Heb 8:6"

Ha venido Cristo a tu vida. Si su Espíritu te llama HOY, RECIBE el don de salvación eterna confiando que lo que Cristo logró en la cruz fue suficiente para quitar el pecado de tu vida y darte una conciencia limpia de una vez y por todas.

39 Buenas Cosas

"Pues si vosotros, siendo malos, sabéis dar buenas dádivas a vuestros hijos, ¿cuánto más vuestro Padre que está en los cielos dará buenas cosas a los que le pidan? Mateo 7:11"

La tradición nos ha enseñado que Dios nos castiga con escasez y problemas para enseñarnos lecciones.

Amigo, es la voluntad de Dios bendecirte con *"buenas cosas"*... solo tienes que pedir.

Esa es la condición, *"a los que le pidan"*

¿Qué quieres tu para tu hijo?

¿Acaso no quieres lo mejor? También nuestro Padre quiere lo mejor para nosotros *"sus hijos"*.

40 Libres de Castigo

Cuando yo era pequeño, cada vez que hacía una travesura, mis parientes me decían, *"Dios te va a castigar"*.

Así crecí con una conciencia de *"expectación de castigo"*... viendo a Dios como un verdugo, listo para castigarme en cada desobediencia (grande o pequeña).

Al conocer su gracia, entendí que ya todo el castigo que mis pecados merecen fue vertido sobre Jesucristo. Él llevó nuestro castigo.

Dice Romanos 3:24 que Cristo Jesús **"nos liberó del castigo de nuestros pecados"(NTV)**.

Juan dice en su primera epístola que **"Si tenemos miedo es por temor al castigo 1 Jn 4:18 (NTV)"**

Para tener una conciencia limpia y andar sin temor debemos entender que el sacrificio de Cristo en la Cruz fue suficiente.

41 Solo con Dios

"Así se quedó Jacob solo; y luchó con él un varón hasta que rayaba el alba. Génesis 32:24"

En la sala de operaciones (en el quirófano) no se aceptan visitas.

Así, cuando Dios está haciendo una operación mayor en tu vida, debes pasarla solo... esto es: *"solo con Dios"*.

42 Dad gracias en todo

"Dad gracias en todo, porque esta es la voluntad de Dios para con vosotros en Cristo Jesús. 1 Tesalonicenses 5:18"

Practicar la presencia de Dios en nuestra vida comienza con agradecimiento.

En lo terrenal, cuando agradeces a alguien por algo, esa persona se siente cómoda y bienvenida en tu presencia. Ser agradecido(a) abre puertas, fortalece amistades y descentraliza el ego en nosotros...

Al ser agradecidos con Dios, reconocemos que Él es sobre nosotros, que le necesitamos y que está bienvenido en nuestras vidas diarias.

De gracias en las cosas grandes y pequeñas, mantenga el dialogo abierto todo el día con Dios.

43 AMOR: La versión correcta

"Si conocieras el don de Dios, y quién es el que te dice: Dame de beber; tú le pedirías, y él te daría agua viva. Juan 4:10"

Dice Jesús: **Si conocieras el don de Dios y quien es el que te dice...** fíjese ella estaba delante de Jesús y no le conocía, está delante de Jesús que es amor (Dios es amor) y no le conocía porque esta mujer ha tenido una versión distorsionada de lo que es el amor.

Está amor delante de ella y no lo puede conocer. Esta mujer había tenido cinco fracasos, cinco matrimonios y con la persona que vivía no estaba casada.

Con tantas relaciones rotas, significa que ella no tenía una versión exacta de lo que es amor y Cristo se dispone a sanarle aquí de la misma manera que te puede sanar a ti no importa cuántos fracasos hallas tenido.

Él quiere sanarte a ti. Él te ama.

44 Dios se despertará a tu prueba

"Si tú de mañana buscares a Dios, Y rogares al Todopoderoso; Si fueres limpio y recto, Ciertamente luego se despertará por ti, Y hará próspera la morada de tu justicia. Y aunque tu principio haya sido pequeño, Tu postrer estado será muy grande. Job 8:5-7"

Dios dice que se despertará a tu prueba. La Biblia dice que él no duerme... entonces, ¿cómo es posible de que él se va a despertar?

Es que en relación a tu prueba puede parecer como que Dios ha estado dormido, que no ha estado prestando atención a tu prueba.

Dios lo que está buscando es tener relación contigo.

Él dice que si tu de (1) mañana le buscares que (2)si rogares a él y (3) si fueres limpio y recto, entonces él se va a despertar a tu problema.

Dios quiere resolver tus problemas, él quiere ayudarte, pero él quiere tener una relación contigo primero.

45 Permaneced en él

"Permaneced en mí, y yo en vosotros. Como el pámpano no puede llevar fruto por sí mismo, si no permanece en la vid, así tampoco vosotros, si no permanecéis en mí. Juan 15:4"

Si no estamos en él y cerca de él no podemos dar fruto.

Charles Spurgeon dijo: *"Vive cerca de Jesús cristiano y será de secundaria importancia si resides en la montaña del honor o en el valle de la humillación"*.

No importa lo que venga a tu vida, no importa las circunstancias, no importa lo que esté pasando en tu vida, si estas en Él, si estas permaneciendo en Él ese gozo que él pone en ti, nadie lo puede cambiar y nada ni nadie te puede separar de ello.

46 Sabiduría consiste en saber la diferencia entre el bien y el mal

"La ciencia del prudente está en entender su camino... Prov 14:8"

Dios quiere que tu entiendas en este camino en que estas. Dios quiere que tu entiendas, que aprendas, no solamente por qué pasan las cosas sino para qué pasan las cosas.

Necesitamos prestar atención, observar por qué ...

Dice proverbios 22 verso 3 *"El avisado ve el mal y se esconde".*

¿Cómo vas a reconocer el mal si no prestas atención? Necesitamos prestar atención a las cosas que pasan en nuestra vida, poner atención para entender nuestro camino.

En realidad, sabiduría consiste en saber la diferencia entre el bien y el mal.

47 Todas las cosas buenas toman tiempo

Proverbios 28:20 dice: *"El hombre de verdad tendrá muchas bendiciones; Mas el que se apresura a enriquecerse no será sin culpa"*.

Dios quiere bendecirte. Dios quiere darte cosas buenas. Dios quiere prosperarte, por supuesto pero todas las cosas buenas toman tiempo. Necesita uno crecer espiritualmente en conocimiento de la palabra de Dios, madurar a la vez que vamos prosperando... no necesitamos apresurarnos.

Dice Pablo en primera de Timoteo capitulo 6 dice el verso 9: *"Porque los que quieren enriquecerse caen en tentación y lazo, y en muchas codicias necias y dañosas, que hunden a los hombres en destrucción y perdición..."*

Nosotros no tenemos que estar corriendo detrás de las riquezas ni tratando de apresurarnos para adquirir cosas, eso no es bendición.

48 Dios quiere vestirte como a Salomón

*"Considerad los cuervos, que ni siembran, ni siegan;
que ni tienen despensa, ni granero, y Dios los alimenta.
¿No valéis vosotros mucho más que las aves? ¿Y quién
de vosotros podrá con afanarse añadir a su estatura un
codo? Pues si no podéis ni aun lo que es menos, ¿por qué
os afanáis por lo demás? Considerad los lirios, cómo
crecen; no trabajan, ni hilan; mas os digo, que ni aun
Salomón con toda su gloria se vistió como uno de ellos.
Lucas 12:24-27"*

Dios quiere vestirte como a Salomón pero no te
preocupes no tienes por qué preocuparte tenemos que confiar
en Dios.

Él va a suplir las cosas que necesitas.

49 La prueba tiene un propósito

Dice primera de Corintios capitulo 10 verso 13:

"No os ha sobrevenido ninguna tentación que no sea humana; pero fiel es Dios, que no os dejará ser tentados más de lo que podéis resistir, sino que dará también juntamente con la tentación la salida, para que podáis soportar."

La palabra tentación también se puede traducir prueba. Dios nos está diciendo a nosotros que no nos ha venido ninguna tentación, ninguna prueba que no podamos soportar.

Charles Spurgeon dijo: *"Si evitas la parte oscura y dolorosa de la comunión con él, no entenderás el periodo brillante y feliz cuando el rey regrese y todos sus santos ángeles con él."*

Si evitas ese dolor, si evitas pasar la prueba después no vas a disfrutar la gloriosa presencia de Dios que viene después de la prueba. La prueba tiene un propósito.

50 Reciba el perdón de Dios y marche adelante

Dice primera de Timoteo capitulo uno verso 15:

"Palabra fiel y digna de ser recibida por todos: que Cristo Jesús vino al mundo para salvar a los pecadores"...

Allí dice la palabra de Dios exactamente para qué vino Cristo al mundo. Cual fue el propósito por el cual vino. Luego dice aquí Pablo en el resto del verso: *"de los cuales yo soy el primero"*.

¿Alguna vez usted se ha sentido condenado? Pues esto es para ser libre de condenación.

¿Ha pecado usted?

Pues reconozca que ha pecado... (Pablo reconoce aquí que él es el primero de todos los pecadores), pero no se quede allí, confiese su pecado, crea en él, confie en la verdad de que Jesucristo murió por cada uno de los pecados que usted ha cometido, aquellos que le traen condenación...

Cristo expió los pecados del pasado y el pecado que acaba de cometer también Cristo lo expió. Usted no necesita cargar ese peso.

Como dice Pablo (el reconoce y dice): *"yo soy el peor de los pecadores, yo soy el primero de los pecadores"*... Bueno, reconozca que usted es el primero o que es el peor de los pecadores pero no se quede allí, reciba el perdón de Dios y marche adelante.

51 Dios ha tenido misericordia de nosotros

Romanos capitulo 11 dice el verso 32:

"Porque Dios sujetó a todos en desobediencia, para tener misericordia de todos".

Si usted cree que por medio de sus méritos puede ganar el favor de Dios o puede salvarse... tengo una noticia. La palabra dice que ninguno ha sido lo suficientemente obediente como para conseguir esa salvación.

Dice la Biblia que **"él sujeto a todos en desobediencia"**, quiere decir que todos desobedecimos y no hay excusa.

Sin embargo, Dios hizo esto para tener misericordia de todos. Hemos sido salvos porque Dios ha tenido misericordia de nosotros.

Doy gracias a Dios en esta hora por su perfecta obra, por el trabajo que Cristo hizo en la cruz por usted y por mí.

52 Dios espera que nosotros creamos en su palabra

Lucas capítulo uno dice el verso 11 y 12:

"Y se le apareció un ángel del Señor puesto en pie a la derecha del altar del incienso. 1:12 Y se turbó Zacarías al verle, y le sobrecogió temor".

Temor es lo contrario a fe. Dice el verso 18:

"Dijo Zacarías al ángel: ¿En qué conoceré esto? Porque yo soy viejo, y mi mujer es de edad avanzada"...

En otras palabras, su vista estaba puesta en las circunstancias. Por causa de esta duda el ángel le dijo en el verso 20:

"Y ahora quedarás mudo y no podrás hablar, hasta el día en que esto se haga, por cuanto no creíste mis palabras, las cuales se cumplirán a su tiempo".

Por cuanto no creyó, quedó mudo hasta el tiempo en que fue dispuesto por el ángel.

Escuche bien: Dios espera que nosotros creamos en su palabra y Él responde a fe. Dios responde a fe; necesitamos creer y confiar en lo que está escrito.

53 Estas seguro porque estás en Cristo

Dice Colosenses capitulo 2 en el verso 9:

"Porque en él habita corporalmente toda la plenitud de la Deidad, 2:10 y vosotros estáis completos en él, que es la cabeza de todo principado y potestad".

Fíjese bien, todo lo que es Dios habita en Jesucristo. En él habita todo lo que es Dios y no solamente eso, nosotros estamos completos en él (en Jesucristo) y a la vez en Dios que es la misma persona.

Estamos completos en él. Tu no tienes que hacer nada para completarte. Tú no tienes que buscar nada más.

No tienes que probarle nada a nadie... ni aun a Dios tienes que demostrarle nada.

Tu seguridad no consiste en lo que tu logres. Estas seguro porque estás en Cristo.

54 No es de los elocuentes el favor

Eclesiastes capítulo 9 verso 11:

"Me volví y vi debajo del sol, que ni es de los ligeros la carrera, ni la guerra de los fuertes, ni aun de los sabios el pan, ni de los prudentes las riquezas, ni de los elocuentes el favor; sino que tiempo y ocasión acontecen a todos".

No es de los elocuentes el favor. Dios te ama y el te usa independientemente de tus habilidades porque él es el que puede todas las cosas, no nosotros.

No es por nuestra habilidad, es por la misericordia de Dios.

Él quiere usarte, él quiere que tu le sirvas y no está pidiendo nada especial solamente que de corazón tú quieras servirle.

55 ¿Qué es lo que te roba el miedo?

"Vino otro, diciendo: Señor, aquí está tu mina, la cual he tenido guardada en un pañuelo; porque tuve miedo de ti, por cuanto eres hombre severo, que tomas lo que no pusiste, y siegas lo que no sembraste. Lucas 19:20-21"

La cosecha de este hombre no se recogió porque él escondió la mina en un pañuelo por causa del miedo.

Aquello que el Señor había puesto en su mano para multiplicar, no produjo fruto. El miedo te roba la bendición, te roba tu siembra. El miedo te roba la cosecha de tu siembra... el miedo te paraliza. ¿Qué es lo que te roba el miedo? Todo aquello que has dejado de hacer por miedo, es lo que el miedo te ha robado.

El miedo te paraliza para que no tomes acción y cuando no hay acción no puedes lograr ninguna cosa... eso es lo que el miedo te roba.

56 No entierres lo que Dios te dio

Segunda de reyes capitulo 7 nos da la historia de lo que sucede después del hambre que había en Samaria y la palabra que dio el profeta Eliseo.

Dice la Biblia que habían cuatro leprosos a la entrada de la ciudad y ellos fueron al campamento de los sirios. Por fe salieron de su zona de comodidad y fueron.

Dios hizo milagrosamente que viniera una bendición muy grande, los sirios huyeron de sus tiendas y dejaron todo. Los leprosos lo encontraron y comenzaron a esconderlo y dice el verso 9 *"Luego se dijeron el uno al otro: No estamos haciendo bien. Hoy es día de buena nueva, y nosotros callamos; y si esperamos hasta el amanecer, nos alcanzará nuestra maldad. Vamos pues, ahora, entremos y demos la nueva en casa del rey"*.

Dijo: *"no estamos haciendo bien"*. No entierres lo que Dios te dio, ponlo en acción y Dios lo va a bendecir.

Es posible que al principio nadie tome en cuenta tus dones, talentos, creatividad o inventiva, pero no te rindas.

Innovadores no son celebrados al principio.

- J. Edgar Hoover

57 Tu desierto

"Entonces los apóstoles se juntaron con Jesús, y le contaron todo lo que habían hecho, y lo que habían enseñado. El les dijo: Venid vosotros aparte a un lugar desierto, y descansad un poco. Porque eran muchos los que iban y venían, de manera que ni aun tenían tiempo para comer. Y se fueron solos en una barca a un lugar desierto. Marcos 6:30-32"

El Señor quiere tener intimidad contigo él quiere que vengas con él y que estés solo con él en un lugar desierto. Desierto puede significar: *"donde no haya ruido, donde no haya distracciones"*.

Él quiere traerte a comunión con él, que te apartes, que apartes tiempo para estar a solas con él en TU lugar desierto.

Su PRESENCIA es más dulce que la miel. ¡Gracias Espíritu Santo!

58 Si quieres, puedes limpiarme

"Vino a él un leproso, rogándole; e hincada la rodilla, le dijo: Si quieres, puedes limpiarme. Y Jesús, teniendo misericordia de él, extendió la mano y le tocó, y le dijo: Quiero, sé limpio. Marcos 1:40,41"

¿Será la voluntad de Dios limpiarnos? Claro que sí.

La Biblia dice que es su voluntad limpiarnos. Hay personas que dicen: "Dios no quiere nada conmigo, ya yo he pecado mucho, él no me puede limpiar mi lepra. Él te quiere limpiar. El leproso vino y dijo: **"Si quieres, puedes limpiarme"**.

Jesucristo dijo: "Quiero, se limpio". ¿Estás enfermo? ¿La misma pregunta? La misma respuesta. Señor, si quieres me puedes sanar. Quiero, se sano.

No importa cuál sea tu problema, pecado o enfermedad. Él quiere ayudarte y lo hace por misericordia.

59 Nuevas misericordias para HOY

"Por la misericordia de Jehová no hemos sido consumidos, porque nunca decayeron sus misericordias. Nuevas son cada mañana; grande es tu fidelidad. Lamentaciones 3:22-23"

Hoy es un día nuevo. Ayer pertenece al pasado. Dios te da GRACIA (misericordia) para HOY.

Camina en la libertad de conciencia que Él compró para ti en la cruz....

60 Perdona a todos… Hazlo por ti no por ellos

"Porque si perdonáis a los hombres sus ofensas, os perdonará también a vosotros vuestro Padre celestial. Mateo 6:14"

Perdona a todos… ¡Hazlo por ti no por ellos…. es una buena inversión en tu alma!

Cuando perdonas a otros el mayor beneficiado eres tú.

61 Verdadera Justicia

"No desecho la gracia de Dios; pues si por la ley fuese la justicia, entonces por demás murió Cristo. Gálatas 2:21".

Justicia: es la posición en la cual estamos limpios ante Dios, como si nunca hubiésemos pecado.

Muchos creyentes asocian Justicia con una lista de reglas que de ser guardadas les hace sentir justos. El problema es cuando se rompe una de estas reglas, pues esto traerá un sentimiento de culpa...

La Verdad: Nosotros fuimos hechos Justos (no por las reglas que guardamos, sino) por lo que Cristo logró en la Cruz.

Entonces como esto está fuera de nuestro alcance, tampoco está a nuestro alcance mantener esa Justicia por nuestras reglas.

Solo nos queda reposar en la Fe de lo que YA es nuestro y que gratuitamente nos fue imputado.

La justicia de Dios se revela por fe.

"Porque en el evangelio la justicia de Dios se revela por fe y para fe, como está escrito: Mas el justo por la fe vivirá. Romanos 1:17"

Tu no eres justo porque te sientas justo, porque nuestros sentimientos cambian continuamente.

Tu seguridad viene de creer (tener Fe en) lo que la palabra de Dios dice. Dios te ha imputado su justicia. Él te ha hecho justo. Esto lo recibimos por Fe.

62 No somos justos porque hacemos cosas justas

"Al que no conoció pecado, por nosotros lo hizo pecado, para que nosotros fuésemos hechos justicia de Dios en él. 2 Corintios 5:21"

No somos justos porque hacemos cosas justas. Somos Justos porque Cristo nos hizo Justos.

Justicia es una posición. Esa posición ha sido establecida por Cristo quien pudo satisfacer la demanda del pecado, llevando ese pecado nuestro sobre Él mismo en la Cruz.

Gracias Dios por todo lo que hiciste por nosotros en la Cruz.

63 Gracia es Gratis para ti pero no para Dios

"Mas él herido fue por nuestras rebeliones, molido por nuestros pecados; el castigo de nuestra paz fue sobre él, y por su llaga fuimos nosotros curados. Isaías 53:5"

Gracia es Gratis para ti pero no para Dios. A Dios le costó muy caro.

El precio que tomó redimirte (que significa: comprarte) fue muy alto. Dios no solo entregó a su único (Jn 3:16) hijo... ese hijo (Jesús) padeció grandemente en nuestro lugar.

Dice la Biblia que fue *"molido"*.

Estamos agradecidos con Dios eternamente.

64 Gozaos con los que se gozan... llorad con los que lloran

"Gozaos con los que se gozan... Romanos 12:15"

Esto es una necesidad. No solo alegra al que se goza que tu te goces con el (ella). Sino que es saludable para tu alma. Si te molesta que alguien haya sido bendecido (recibido una promoción, triunfado en algún área de su vida, recibido algún premio), entonces puede ser que celos e envidia estén visitando tu corazón.

Los celos y la envidia son como la lepra.

Te van comiendo y amargando por dentro. Aprende a gozarte con las victorias de otros y no guardes ningún otro sentimiento en tu corazón. Así te mantendrás saludable.

"... llorad con los que lloran. Romanos 12:15"

Al igual que la biblia nos dice que nos gocemos con

los que se gozan, también nos dice que *"lloremos con los que lloran"*.

Cuando alguien está pasando un tragedia, un dolor, o algún tipo de tristeza... NO es nuestro lugar darle lecciones de Fe. Tu no estas en su posición y por eso te es muy fácil decir cosas como: "Debes tener Fe", "Debes ser fuerte" y mucho menos que te pongas de ejemplo diciendo cosas como: "Cuando yo pasé eso, le hice así o asá"...

Ese no es el momento de dar lecciones o predicar...

Tu sermón NO funciona en el día del llanto.

Lo mejor que puedes hacer es estar ahí... Permite que esa persona llore.

Poner tu hombro para que alguien se recueste a llorar puede ser de más ayuda que cualquier palabra.

Seamos prudentes con el dolor de otros... Aprendamos a llorar con los que lloran.

65 Perdonándoos todos los pecados

"Y a vosotros, estando muertos en pecados y en la incircuncición de vuestra carne, os dio vida juntamente con él, perdonándoos todos los pecados. Colosenses 2:13"

Nosotros no tuvimos que probar nuestro interés de venir a Cristo, tampoco tuvimos que limpiarnos y portarnos bien para que Dios nos aceptara.

Él nos aceptó (nos salvó) estando muertos en pecados.

Eso es Gracia.

Algo que nos nos merecíamos y no podíamos hacer nada para ganarlo... y nos fue dada solo porque Dios en su infinita misericordia decidió hacerlo.

66 ÉL es quien nos acepta, ÉL está en control

"para alabanza de la gloria de su gracia, con la cual nos hizo aceptos en el Amado. Efesios 1:6"

Cuando invitamos a gente a venir a Cristo, especialmente nosotros Evangelistas, tenemos la mala costumbre de decirles *"acepta a Cristo en tu corazón"* como si el pecador tuviera el control y poder para *"darle una oportunidad a Dios"*.

Como si Dios estuviera mendigando que le diésemos una oportunidad.

La verdad es que, es Él quien decide aceptarnos y esto es una decisión que comienza en Dios (no en nosotros).

Él es quien nos acepta, Él está en control.

Que tremendo que aun cuando no merecemos su aceptación, Él nos hizo aceptos.

67 "Por poco" me persuades a ser cristiano

"¿Crees, oh rey Agripa, a los profetas? Yo sé que crees. Entonces Agripa dijo a Pablo: Por poco me persuades a ser cristiano. Hch 26:27,28"

"Por poco".

Hay personas que son *"por poco"* cristianos, son casi cristianos (en sus mentes) pero no siguen a Jesucristo.

No son discípulos de Jesucristo. Sus frutos no hablan de que haya habido una conversión real en sus vidas (usted no va a poner la vista en ellos, usted la va a poner en Jesús porque él es perfecto).

"Por poco" no es suficiente. Un cristiano es cristiano completamente (cien por ciento).

Cien por ciento de entrega, cien por ciento seguidor de Jesucristo. Siga usted a Jesús con todas sus fuerzas, con todo su corazón... sea un cristiano completamente.

68 Sí, heme aquí Señor

"Y dijo a otro: Sígueme. El le dijo: Señor, déjame que primero vaya y entierre a mi padre. Jesús le dijo: Deja que los muertos entierren a sus muertos; y tú ve, y anuncia el reino de Dios. Lucas 9:59,60"

A veces somos invitados a servir (y es un privilegio cuando alguien nos da la oportunidad de servir a Cristo, aun en cosas que parezcan pequeñas), y ponemos excusas para no servir a Jesús porque en nuestra lista de prioridades las cosas temporales toman la preeminencia.

En realidad son muertos. Cualquier labor terrenal que se ponga antes que Cristo, es una obra muerta.

Las cosas que tienen que ver con el servicio a Dios son obras vivas. Tienen vida y trascienden más allá de lo temporal.

Si Cristo (por medio de tu Pastor o Líder) te dice sígueme, y recibes la oportunidad de servirle, dile: Sí, heme aquí Señor.

No pongas excusas y pon a Jesús arriba en tu lista de prioridades.

Aprovecha cada oportunidad y no pongas excusas. Él espera que tu le sigas sin condiciones y esto trae mucha bendición.

69 Tú tienes palabras de vida eterna

"Y dijo: Por eso os he dicho que ninguno puede venir a mí, si no le fuere dado del Padre. Desde entonces muchos de sus discípulos volvieron atrás, y ya no andaban con él. Dijo entonces Jesús a los doce: ¿Queréis acaso iros también vosotros? Le respondió Simón Pedro: Señor, ¿a quién iremos? Tú tienes palabras de vida eterna. Juan 6:65-68"

Tres cosas aquí:

Jesús sabe quiénes son de Él (v.65)

Jesús te da la oportunidad de no seguirlo (v.67) y...

Solamente en Él hay salvación (v.68)

Solamente Él tiene palabras de vida eterna.

70 Tiempo de amar y agradecer mucho

"Por lo cual te digo que sus muchos pecados le son perdonados, porque amó mucho; mas aquel a quien se le perdona poco, poco ama. Lucas 7:47"

En una ocasión oí de un ministro que estaba teniendo un servicio en su iglesia y de pronto durante la alabanza, un varón se levantó y comenzó a correr y a saltar de alegría por todo el auditorio.

A las cristianos que estaban en el servicio les pareció poco reverente las acciones de este varón que corría y saltaba por todo el auditorio por lo que decidieron pararlo y mandarlo a sentar.

El pastor al ver lo que estos iban a hacer los detuvo y les dijo: *"No hagáis tal cosa. Si ustedes hubieran sido librados de las cosas que Dios ha librado a este varón, estoy seguro que estarían haciendo lo mismo... corriendo y saltando de alegría por todo el auditorio".*

Verdaderamente, a quien mucho se le perdona ama mucho.

¿Cuanto le ha perdonado Dios a usted?

¿Está agradecido(a) con Dios por todo lo que le ha perdonado?

Es tiempo de amar y agradecer mucho.

71 Perdón completo de todos sus pecados

"Os escribo a vosotros, hijitos, porque vuestros pecados os han sido perdonados por su nombre. 1 Juan 2:12"

Amado, si usted ha confesado a Cristo como Señor y Salvador de su vida, es importante que usted sepa y esté seguro que sus pecados han sido perdonados.

Todos sus pecados, pasados, presentes y futuros.

Si usted cree que solamente los pecados pasados han sido perdonados, usted tendrá continuos conflictos internos. Cada vez que usted desobedezca a Dios en algo, se sentirá condenado e ira a tratar de conseguir perdón por medio de la confesión y el arrepentimiento (o remordimiento).

La realidad es que Dios no lo evalúa a usted basado en su comportamiento (su esfuerzo humano para tratar de estar bien con Dios).

Dios lo evalúa a usted basándose en lo que Cristo logró

por usted en la cruz. Y en la cruz, Cristo consiguió el perdón completo de todos sus pecados, pasados, presentes y futuros. Sabiendo esto podemos caminar en paz.

72 Sin culpas ni remordimientos

"Setenta semanas están determinadas sobre tu pueblo y sobre tu santa ciudad, para terminar la prevaricación, y poner fin al pecado, y expiar la iniquidad, para traer la justicia perdurable, y sellar la visión y la profecía, y ungir al Santo de los santos. Daniel 9:24"

El cumplirse esta profecía recibimos tres cosas:

1- Jesús puso fin al pecado.

2- Jesús expió la iniquidad.

3- Jesús trajo justicia perdurable.

Lo que quiere decir que por el perfecto sacrificio que él hizo, nuestro pecado ha sido quitado (recuerde lo que dijo Juan el Bautista: **Este es el cordero de Dios que QUITA el pecado del mundo**); también de la misma manera toda iniquidad (o desobediencia) ya fue expiada y por su gracia hemos sido declarados justos.

Su Justicia en ti no es algo que se interrumpe cuando desobedeces y luego se repara cada vez que te arrepientes.

No, no, no... esa justicia es eterna e ininterrumpida.

Ese trabajo ya está completado.

Recibe eso.

Camina en paz completa, sin culpas ni remordimientos.

73 Creer que hemos arribado, puede ser una trampa

"No que lo haya alcanzado ya, ni que ya sea perfecto; sino que prosigo, por ver si logro asir aquello para lo cual fui también asido por Cristo Jesús. Filipenses 3:12".

Creer que hemos arribado, puede ser una trampa.

Un estudio realizado por la Shell Corporation* mostró que gente que se retira a los 55 años tiene 89% más de posibilidades de morir dentro de los 10 años que siguen a su retiro.

Si has completado una etapa en tu vida, prepárate para iniciar otra. No hemos graduado en la escuela de la vida... debemos proseguir.

La mano en el arado

"Ninguno que poniendo su mano en el arado mira

hacia atrás, es apto para el reino de Dios. Lucas 9:62"

"La mano "en el arado" hace referencia directa a "labor".

Para que el obrero sea aprobado debe terminar bien la carrera, y para terminar bien la carrera debemos mantener nuestros ojos en la meta.

Pablo dice:

"prosigo a la meta, al premio del supremo llamamiento de Dios en Cristo Jesús. Filipenses 3:14"

Llegar bien a la meta trae un gran premio consigo... ¡Sigamos corriendo. Corramos bien!

----

* Tomado de la edición internet del British Medical Journal.

74 Creer y Recibir

"Al ponerse el sol, todos los que tenían enfermos de diversas enfermedades los traían a él; y él, poniendo las manos sobre cada uno de ellos, los sanaba. Lucas 4:40"
(Mt. 8.16-17; Mr. 1.32-34)

Jesús jamás negó sanidad a nadie.

Él quiere el bien para tu vida, sin embargo puede ser que tengas dudas en cuanto a si es su voluntad o no sanarte.

Cuando usted lee los evangelios históricos, se da cuenta que cada vez que alguien vino a Jesús enfermo, fue sanado.

Él hace lo mismo contigo hoy. ¡Créelo y Recíbelo!

El nuevo pacto consiste en Creer y Recibir.

75 Dejemos que Dios haga el trabajo que solamente él puede hacer

"Y si hubiere allí algún hijo de paz, vuestra paz reposará sobre él; y si no, se volverá a vosotros. Lucas 10:6"

El trabajo de traer a alguien a Cristo es una labor del Espíritu Santo.

Nuestro trabajo es anunciar el Evangelio, nosotros no sabemos quien va a venir, pero Dios conoce a sus ovejas por nombre. Anunciemos las buenas nuevas a todos y dejemos que Dios haga el trabajo que solamente Él puede hacer.

76 Tu Cosecha toma tiempo

"Echa tu pan sobre las aguas; porque después de muchos días lo hallarás. Eclesiastés 11:1"

Como humanos, tenemos la tendencia de querer las cosas rápido. Somos por naturaleza de poca paciencia. Sin embargo, el reloj de Dios no es igual al nuestro.

Dios existe en la ETERNIDAD.

Cuando siembres tu próxima planta, recuerda que entre siembra y cosecha hay un tiempo.

Riega lo que has sembrado con palabras de Fe, sabiendo que Dios a su tiempo traerá la cosecha.

77 Continúa creyendo...
Tus sueños pueden hacerse realidad

"Y cuando pasaban los madianitas mercaderes, sacaron ellos a José de la cisterna, y le trajeron arriba, y le vendieron a los ismaelitas por veinte piezas de plata. Y llevaron a José a Egipto. Génesis 37:28"

José era un joven que tenía sueños. Sin embargo, al contar sus sueños a sus hermanos, estos lo vendieron como esclavo a unos ismaelitas, los cuales lo llevaron a Egipto.

Una serie de eventos desagradables siguieron, incluyendo prisión, pero eventualmente todos sus sueños se hicieron realidad.

"Dijo además Faraón a José: He aquí yo te he puesto sobre toda la tierra de Egipto. Génesis 41:41"

Aunque todos los eventos en tu vida parezcan ser adversos... continúa creyendo. Tus sueños pueden hacerse realidad.

78 Nuestra lumbrera eterna

"La ciudad no tiene necesidad de sol ni de luna que brillen en ella; porque la gloria de Dios la ilumina, y el Cordero es su lumbrera. Apocalipsis 21:23"

De la misma manera que Cristo *"El Cordero de Dios"* ha ya comenzado a alumbrar nuestra vida, desde el día en que fuimos *"traspasados de las tinieblas a su reino"*... así también seremos alumbrados por la eternidad en la Santa Ciudad de Dios.

Ahí, Dios personalmente alumbrará toda la Ciudad con su gloria. Por supuesto, la luz en que caminamos ahora no se puede comparar en nada con la luz de su resplandor en la Santa Ciudad.

El mismo Cristo *(el Cordero)* es nuestra lumbrera eterna. Diga: ¡Amén!

79 Caminar en la luz no es un sacrificio más una delicia que trae gozo

"Porque en otro tiempo erais tinieblas, mas ahora sois luz en el Señor; andad como hijos de luz. Efesios 5:8"

Como dije ayer. Ya hemos comenzado a caminar en su luz, desde el día en que vinimos a Cristo, y por la eternidad cuando el Cordero de Dios iluminará con su gloria la Santa Ciudad de Dios. Pablo nos exhorta a que *"andemos como hijos de luz"*.

Esto es posible debido a que ya Dios nos ha hecho *"hijos de luz"*.

Cuando tu crees lo que ya Cristo ha logrado por ti y comprendes tu identidad en el Señor, caminar en la luz no es un sacrificio más una delicia que trae gozo bueno para disfrutar.

80 No somos de la noche ni de las tinieblas

"Porque todos vosotros sois hijos de luz e hijos del día; no somos de la noche ni de las tinieblas. 1 Tesalonicenses 5:5"

Para andar en la luz, debemos siempre recordar quienes somos. Tu comportamiento será de acuerdo a lo que tu creas de ti mismo. Pablo nos recuerda: *"vosotros sois hijos de luz e hijos del día"*.

Si soy un hijo de luz, entonces cuando viene la tentación no soy arrastrado pues mi identidad (quien soy) no es de acuerdo al comportamiento que esa tentación requiere.

Di NO a la tentación.

Recuerda que tu no perteneces a las tinieblas... no hay ningún derecho legal sobre ti que te condene a andar en tinieblas. Camina como lo que eres: *"Un Hijo de Luz"*.

81 Por la ley de Moisés no pudisteis

"Sabed, pues, esto, varones hermanos: que por medio de él se os anuncia perdón de pecados, y que de todo aquello de que por la ley de Moisés no pudisteis ser justificados, en él es justificado todo aquel que cree. Hechos 13:38,39"

Pablo y Bernabé comienzan su ministerio con un mensaje muy claro desde el principio.

Hablándole a los que estaban bajo la ley de Moisés ("varones Israelitas v.16), Pablo les declara con palabras precisas que *"todo aquellos que la ley de Moisés no justificó, ahora bajo el nuevo pacto ya es justificado"*.

Imagínate, que tu estés tratando de guardar todos los preceptos que te dijo el ministro que tenías que guardar, y por tanto que trates nunca resolverá totalmente tu problema, y tu conciencia lo sabe.

Ahora viene Pablo y te dice: "Todo eso está arreglado...

Cristo lo arregló por ti.

¿Qué es mejor?

¿Seguir tratando de cumplir algo que nunca termina, o aceptar algo que ya está completado?

¿Que dices?

82 Los que por la ley os justificáis; de la gracia habéis caído

"¿Tan necios sois? ¿Habiendo comenzado por el Espíritu, ahora vais a acabar por la carne? Gálatas 3:3"

Pasaste al frente para recibir a Cristo cuando el predicador te dijo que vinieras, que la salvación es gratis y que Cristo perdonaría tus pecados. Y Cristo perdonó todos tus pecados y te salvó por gracia (no por que guardaras ningún precepto).

Luego ese mismo predicador te dijo: *"Hermano, bienvenido al reino, ahora te vamos a dar unas clases de bautismo y te haremos miembro de la iglesia, te vamos a enseñar a ser un buen cristiano".*

Estos son los diez mandamientos... esta es la lista requisitos (las cosas que tienes que guardar) para ser un miembro en plena comunión de la iglesia.

Dicho sea de paso, el día que no guardes estos

requisitos... te quitaremos la membresía en plena comunión y estarás en segunda categoría hasta que estés guardando todos los requisitos de nuevo..

¡Te han atado! Comenzaste en Gracia, pero te han regresado a la ley.

"la ley no es de fe, sino que dice: El que hiciere estas cosas vivirá por ellas. Gal 3:12"

"De Cristo os desligasteis, los que por la ley os justificáis; de la gracia habéis caído. Gal 5:4"

Nota: *"Haber caído"* no significa que hayas perdido tu salvación, sino que caíste de un sistema de libertad *"Gracia"* a un sistema de esclavitud *"Ley"*.

Culpabilidad y falta de paz han regresado a tu vida porque "por tus fuerzas, guardando reglas" jamás será suficiente... Regresa HOY a libertad.

Confía que el perfecto sacrificio de Cristo en la Cruz fue suficiente para satisfacer la demanda del pecado. Reposa en lo que Cristo ya hizo por ti.

83 El juicio de las naciones

"Cuando el Hijo del Hombre venga en su gloria, y todos los santos ángeles con él, entonces se sentará en su trono de gloria Mateo 25:31"

¿Qué sucederá cuando el Señor venga en su gloria? El resto del texto nos da una idea bien concreta... y serán reunidas delante de él todas las naciones; y apartará los unos de los otros, como aparta el pastor las ovejas de los cabritos.

"Y pondrá las ovejas a su derecha, y los cabritos a su izquierda. Entonces el Rey dirá a los de su derecha: Venid, benditos de mi Padre, heredad el reino preparado para vosotros desde la fundación del mundo. Mateo 25:33-34"

¿Y los que han sido justificados por su Gracia?

Estos son los justos que menciona el versículo 46 (más adelante) los cuales irán a la vida eterna.

Aun así. Los que hemos sido salvos por su Gracia, tendremos que dar cuentas de lo que hicimos *"mientras estábamos en el cuerpo".* ***"Porque es necesario que todos nosotros comparezcamos ante el tribunal de Cristo, para que cada uno reciba según lo que haya hecho mientras estaba en el cuerpo, sea bueno o sea malo. 2 Corintios 5:10"***

Aunque esto NO es para castigo, sino más bien para "recibir según lo que hicimos", nos damos cuenta que aunque la salvación es por Gracia, los galardones o recompensas vienen por buenas obras de obediencia que realizamos en SU nombre.

Evidentemente los versos 35 y 36 nos dan una idea de que tipo de obras... ***"Porque tuve hambre, y me disteis de comer; tuve sed, y me disteis de beber; fui forastero, y me recogisteis; estuve desnudo, y me cubristeis; enfermo, y me visitasteis; en la cárcel, y vinisteis a mí. Mateo 25:35-36"***

84 Aunque la higuera no florezca, Ni en las vides haya frutos... ¡Gózate!

"Aunque la higuera no florezca, Ni en las vides haya frutos, Aunque falte el producto del olivo, Y los labrados no den mantenimiento, Y las ovejas sean quitadas de la majada, Y no haya vacas en los corrales; Con todo, yo me alegraré en Jehová, Y me gozaré en el Dios de mi salvación. Habacuc 3:17"

Nuestra relación con Dios no debe estar condicionada a cómo nos va en la vida o cómo nos tratan las circunstancias. Nuestra mirada debe estar más allá de nuestra situación presente. Estoy seguro que este mensaje no es popular en esta generación presente, que adora el éxito e idolatra el consumismo. Donde los púlpitos solo anuncian estrategias de cómo tener más, y cómo sentirnos mejor, aun al costo de cortar camino en lugar de padecer con sana integridad.

Cristiano. Hoy te animo a que, independientemente de tu situación, te alegres en el Señor y te goces en el Dios de tu salvación.

85 Estar en la cima... bendición agridulce

"Así se quedó Jacob solo; y luchó con él un varón hasta que rayaba el alba. Génesis 32:24"

De nuevo a la aventura.

Esta vez Peter Hamor ha logrado llegar a la cima de la majestuosa montaña K2. En esta expedición iba acompañado de otros dos montañeros, pero solo él logró llegar a la cima... solo. Pocos llegan a la cima del pico de 28,251 pies de altura, el cual ha cobrado la vida de más de 80 personas hasta hoy.

Es una victoria agridulce, pues estar en la cima, cuentan que es una experiencia sin igual, sin embargo queda el dolor de todos los que han quedado en el camino.

Así es en el servicio a Dios. Llegar a la cima... al lugar donde puedes decir: *"Estoy viviendo mi sueño"* es una gran experiencia, sin embargo, la cima suele ser un lugar solitario.

Hay mucha aves volando sobre los jardines, los cuervos y los gorriones andan en grupos... sin embargo el águila vuela en las alturas, pero vuela sola.

Jamás cambiaras la posición de águila en que Dios te ha puesto para regresar a volar con los hermosos gorriones, sin embargo, con la bendición de ser águila viene la responsabilidad de tener que volar bastante tiempo solo, y esto mi amigo(a) es algo que toma carácter.

86 ¡Cuidado Guerrero, no vaya a ser que estés peleando contra Dios!

"Estando Josué cerca de Jericó, alzó sus ojos y vio un varón que estaba delante de él, el cual tenía una espada desenvainada en su mano. Y Josué, yendo hacia él, le dijo: ¿Eres de los nuestros, o de nuestros enemigos? Josué 5:13"

¿Eres tu un guerrero?

Hoy en día con la popularidad de los mensajes sobre guerra espiritual, es muy probable que tu respuesta sea: ¡Sí!

Sin embargo un guerrero puede estar tan concentrado en su guerra al punto de tener al mismo "Ángel del Señor" delante de ti y no reconocerlo.

En este relato, cuando usted lee el verso 14, se da cuenta que este Príncipe que Josué tenía delante, tenía deidad, y la prueba es que al Josué postrarse delante de él, éste aceptó su adoración, y ningún otro ángel del cielo está autorizado a hacer esto. El Señor se le había aparecido a Josué, y éste no lo reconoció, y de hecho estaba ya dispuesto a pelear contra él. ¡Cuidado Guerrero, no vaya a ser que estés peleando contra Dios!

87 Para todos mis amigos guerreros

"Mas vino a mí palabra de Jehová, diciendo: Tú has derramado mucha sangre, y has hecho grandes guerras; no edificarás casa a mi nombre, porque has derramado mucha sangre en la tierra delante de mí. 1 Crónicas 22:8"

David era un perfecto guerrero. Cuando todo el pueblo de Israel estaba delante de Goliat, ningún hombre de guerra se atrevió a hacerle frente al gigante, más David, siendo aún muy joven lo enfrentó y venció delante de todo el pueblo. Y así fue siempre la vida de David, guerra tras guerra.

Sin embargo, Dios no le permitió edificar la visión.

Este es un mensaje para todos mis amigos guerreros (aquellos experimentados en la guerra espiritual).

En tiempo de guerra NO se puede edificar nada.

Es más de Fe, entrar en el reposo y descansar de tus guerras.

Entrar y permanecer en el reposo es más de Fe, pues tienes que creer que lo que Cristo conquistó ya por ti en la Cruz es suficiente.

"Para esto apareció el Hijo de Dios, para deshacer las obras del diablo. 1 Juan 3:8"

Pregunta. Si Cristo vino para deshacer las obras del diablo... ¿Habrá podido completar el propósito por el cual vino?

Tu ya tienes la victoria, el triunfo es tuyo, pero no es por lo que hayas logrado en tu guerra, sino por lo que Cristo ya logró por ti hace dos mil años. Entra en el reposo HOY.

"Pero los que hemos creído entramos en el reposo... Hebreos 4:3"

88 No creas todo lo que oyes, y de lo que ves, solamente cree la mitad...

"No menospreciéis las profecías. Examinadlo todo; retened lo bueno. 1 Tesalonicenses 5:20-21"

Una de las cosas preciosas que Dios te ha dado como creyente se llama discernimiento. Sin embargo, discernimiento no es un sentimiento subjetivo que capta cosas en el aire.

Es peligroso aun dejarnos llevar por impresiones al no ser que éstas estén fundadas completamente en la palabra de Dios. Entonces nuestra regla para discernir es muy clara. Es la palabra de Dios, donde Fe y Razón trabajan juntas para darnos sano entendimiento.

¡No creas todo lo que oyes, y de lo que ves, solamente cree la mitad, pero lo que está escrito... créelo todo y confía en Dios! En la voz de la reforma... *Sola Scriptura: La Biblia es la única regla infalible de la fe (doctrina) y la práctica (costumbres).*

89 Cuidado de quien te rodeas...

"El que reprende al hombre, hallará después mayor gracia Que el que lisonjea con la lengua. Proverbios 28:23"

Nuestro insaciable hambre por reconocimiento y admiración nos puede alejar de los sinceros amigos y rodearnos de gente carnal que adornarán con palabras nuestro ego con el fin de conseguir nuestro favor y así cumplir sus más despiadados intereses.

Necesitamos estar rodeados de gente que nos ama y no necesariamente nos dice lo que queremos oír.

El amor verdadero *"se goza de la verdad... 1 Cor 13:6"*

Cuidado de quien te rodeas.

90 Sabiduría y Conocimiento NO son la misma cosa...

"Sabiduría ante todo; adquiere sabiduría; Y sobre todas tus posesiones adquiere inteligencia. Proverbios 4:7"

Nosotros estamos ya en Cristo, quien nos ha sido hecho sabiduría y esa sabiduría nos fue dada acompañada de justificación, santificación y redención.

"Mas por él estáis vosotros en Cristo Jesús, el cual nos ha sido hecho por Dios sabiduría, justificación, santificación y redención. 1 Cor 1:30"

Quiere decir que, nosotros hemos recibido sabiduría de parte de Dios por Gracia, de la misma manera que recibimos justificación.

No por nuestros méritos más aun, nos fue dada. Entonces no fue por lo que aprendimos, o por cuanto conocimiento acumulamos. Sabiduría y Conocimiento NO son la misma cosa.

El conocimiento te enaltece (conocimiento envanece 1 Cor 8:1) y la sabiduría te hace humilde y enseñable.

La Biblia dice que **"con los humildes está la sabiduría ... Proverbios 11:2"**.

91 Tu Dios quiere sanarte y pastorearte

"He visto sus caminos; pero le sanaré, y le pastorearé, y le daré consuelo... Isaías 57:18"

Quizá, hay heridas muy profundas en tu vida. Daños, que solo tu conoces. Tan profundas heridas que ni te atreves a contárselo a alguien. Es posible que hayas llegado a pensar que ningún humano te puede ayudar. La buena noticia es que Dios (tu Padre Celestial) conoce tus heridas.

Él dice he *"visto tus caminos"* (todo lo que hayas hecho, tus fallos, tus errores, tu amargura, tu duda... ya Él lo ha visto) y aun así, en lugar de culparte, Él dice: *"pero te sanaré, y te pastorearé"*.

Tu Dios quiere sanarte y pastorearte.

Déjate sanar y pastorear por quien te creó y te conoce mejor que ninguna persona en la vida.

92 Sana. Fortalece tu relación e intimidad con Dios

"Mas yo haré venir sanidad para ti, y sanaré tus heridas, dice Jehová; porque desechada te llamaron, diciendo: Esta es Sion, de la que nadie se acuerda. Jeremías 30:17"

¿Alguna vez te has sentido ignorado(a), en el olvido, que nadie se acuerda de ti y que los dones que Dios te ha dado nadie los toma en cuenta?

Sentimiento como estos pueden crear heridas muy profundas. En realidad, la aceptación, aprobación, y aun la amistad de la gente (aunque sea cosas buenas) no deben ser factores determinantes en cuanto a la salud de tu alma.

Estoy seguro que mucha gente te ama y te aprecia.

Aunque quizá estén ocupados con sus propios problemas y no tienen tiempo de decirte cuanto te aprecian y te aman... sin embargo, si aun no fuese así, tu seguridad no debe estar fundada en la apreciación o aun en el amor de otros..

Dios te ama.

Él te ama, y si no te ha estado usando mucho últimamente, es posible que te está sanando y preparando para una nueva etapa.

Recuerda: *Tiempo de poca acción debe ser tiempo de preparación.*

Sana. Fortalece tu relación e intimidad con Dios. Las otras cosas llegarán a su tiempo. Reposa confiado(a) que tu Dios está en control.

93 Los amaré de pura gracia

"Yo sanaré su rebelión, los amaré de pura gracia; porque mi ira se apartó de ellos. Oseas 14:4"

Dios no está enojado contigo. Aun cuando te hayas rebelado contra El. Aun cuando le hayas fallado.

Su amor por ti no depende de tu esfuerzo por ser mejor o aun tu esfuerzo por agradarle..

Él YA se agrada de ti. No es por lo que tu hagas, sino por lo que Cristo hizo en la Cruz.

Cristo tomó tu lugar y su sacrificio fue AGRADABLE lo suficiente para alejar la ira de Dios de tu vida PARA SIEMPRE.

La base de su amor por ti es *"favor inmerecido"*.

No lo merecemos, pero Él nos ama de todas formas.

Di conmigo en voz alta: ¡La Ira de Dios se ha apartado de mi para siempre!

94 Tu eres el único tu que existe

"Porque cual es su pensamiento en su corazón, tal es él. Prov 23:7"

Tu personalidad Dios te la dio. Tu eres el único tu que existe. No dejes que otros definan quien tu eres.

Alinea tu pensamiento acerca de ti mismo conforme a lo que Dios dice de ti.

95 Compra la verdad, y no la vendas

"Compra la verdad, y no la vendas; La sabiduría, la enseñanza y la inteligencia. Prov 23:23"

Somos buenos para invertir en nuestra persona cuando eso tiene que ver con comida, ropa, o útiles que necesitamos en el diario vivir...

¿Pero alguna vez has pensado que al igual que tu cuerpo, tu espíritu, alma e intelecto también necesitan alimento?

Te insto a incluir estas cosas en tu presupuesto pues son necesarias.

Libros que alimentan el entendimiento... música que alegra el alma y glorifica a tu Creador.

96 Las mismas luchas desde diferentes puntos de vista

"Fue el número de los días que David habitó en la tierra de los filisteos, un año y cuatro meses. Y subía David con sus hombres, y hacían incursiones contra los gesuritas, los gezritas y los amalecitas. 1 Samuel 27:7-8"

Viviendo en tierra de enemigos, David continuó su lucha contra otros enemigos. No peleaba al lado del pueblo de Israel, pero desde puntos diferentes su batalla era la misma.

Tu y yo. Aunque seamos miembros de diferentes organizaciones, tengamos diferentes culturas y vengamos de diferentes trasfondos... nuestra batalla es la misma.

Diariamente enfrentamos las mismas pruebas, los mismos obstáculos... Enfrentamos lo mismo aunque quizá desde diferentes puntos de vista.

"No os ha sobrevenido ninguna tentación que no sea humana; pero fiel es Dios, que no os dejará ser

tentados más de lo que podéis resistir, sino que dará también juntamente con la tentación la salida, para que podáis soportar. 1 Corintios 10:13"

97 David se fortaleció a sí mismo

"Y David se angustió mucho, porque el pueblo hablaba de apedrearlo, pues todo el pueblo estaba en amargura de alma, cada uno por sus hijos y por sus hijas; mas David se fortaleció en Jehová su Dios. 1 Samuel 30:6"

Una de las cosas más difíciles y angustiosas que puede pasar un líder es perder la admiración y el respeto de aquellos a quienes ha ministrado por tiempo. Y esto puede ser una posibilidad pues mientras las cosas marchan bien, y a todos les va bien, es muy fácil aplaudir y ensalzar... pero en el día en que se pierde el botín... cuando la gente no recibe lo que quiere o espera... aquellos mismos que un día te aplaudían, puede ser que ahora te quieran apedrear.

Y en ese día, ¿a quien vas a ir para que te de ánimo y te consuele?

David, no tenía a nadie que le alentara y/o le levantara el ánimo, sin embargo, él conocía la fuente de su poder.

El, por sí mismo, fue y se *"fortaleció en Jehová"*.

Dice la NTV... **"Pero David encontró fuerzas en el Señor su Dios"**.

La traducción *"The Message"* dice: **"David strengthened himself"** que traducido es: **"David se fortaleció a sí mismo"**.

Llega el momento en que tendrás que fortalecerte tu solo(a) y no depender de nadie... solamente del Señor tu Dios.

98 Pronto estoy a anunciaros el evangelio

"Así que, en cuanto a mí, pronto estoy a anunciaros el evangelio también a vosotros que estáis en Roma. Romanos 1:15"

La Urgencia de predicar el Evangelio.

Esto es algo que aquellos llamados a la predicación entienden perfectamente.

Anunciar el Evangelio no es solamente una obediencia a la gran comisión que nos fue entregada por Cristo mismo... a quien le es encomendado el ministerio de la palabra una urgencia les es entregada.

Por eso trabajamos día y noche presentando a Cristo en cada oportunidad y mirando a oportunidades nuevas para hacerlo.

99 Mi poder se perfecciona en la debilidad

"Y me ha dicho: Bástate mi gracia; porque mi poder se perfecciona en la debilidad. Por tanto, de buena gana me gloriaré más bien en mis debilidades, para que repose sobre mí el poder de Cristo. 2 Corintios 12:9"

Esto es para que la gloria sea de Dios y no de nosotros.

Su poder solamente reposa sobre nosotros cuando reconocemos nuestra limitación e incapacidad de conquistar mucho o poco por medio de nuestras fuerzas.

El hecho de que somos débiles, anuncia lo grande que es Dios y que no podemos gloriarnos en nada de lo que hacemos.

¡Gloria a Dios!

100 Si es necesario gloriarse...

"Si es necesario gloriarse, me gloriaré en lo que es de mi debilidad. 2 Corintios 11:30"

¿Será necesario gloriarse?

En realidad creo que no... pero, si fuera un requisito, entonces en lo único que podemos gloriarnos es en nuestra debilidad.

De nuestra habilidad no ha salido mucho.

Aun en la salvación... dice la Biblia que él nos salvó cuando aun estábamos *"muertos en nuestros delitos y pecados"*.

Es decir... *"Nosotros NO nos limpiamos primero para después venir a Dios"...* Él nos atrajo *"conforme al propósito del que hace todas las cosas según el designio de su voluntad. Ef 1:11"*

Nos trajo como estábamos y así nos salvó... y la obra de "santificación"... ese trabajo de hacernos más como él... no ha sido conforme a nuestras fuerzas...

Dios ha operado en nuestra debilidad para que la gloria sea solamente suya.

sobre el autor

J.A. Pérez *(Jorge Armando)* es un sazonado evangelista misionero y autor de varios libros que ha plantado iglesias y viajado ampliamente predicando el evangelio desde muy joven.

Sus concentraciones masivas han atraído grandes multitudes durante años guiando a miles a una relación personal con Jesucristo.

Dedica gran parte de su tiempo en jornadas humanitarias en países del tercer mundo, llegando con atención médica, recursos y campañas educativas a aquellos que han sido dañados por alguna catástrofe, o simplemente crecido en un ambiente carente de oportunidades.

Influencias

Nació en Cuba y fue desde pequeño influido por su abuelo, quien le heredó la pasión por las Sagradas Escrituras, la literatura y las fábulas e historietas de fantasía que él había recibido de los monjes que le criaron en un monasterio en las Islas Canarias.

Viviendo

Disfruta la poesía y la trova y reside en San Diego, California, donde ama pasar tiempo con su esposa, sus tres hijos y desde donde se coordinan todos los eventos de la asociación que lleva su nombre.

Libros recientes por J.A. Pérez

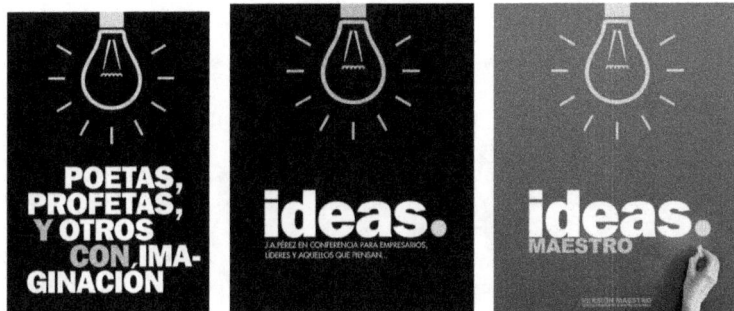

Libros clásicos del mismo Autor.

Nuestros libros pueden ser obtenidos en librerías y distribuidoras mundialmente. Para una lista de librerías, puede ir a:

www.japerez.org/libros o a www.17books.com

DESARROLLOS EDUCATIVOS
CONCENTRACIONES MASIVAS
MISIONES HUMANITARIAS

AGILIZANDO LA COSECHA

ASOCIACIÓN JA PÉREZ

INTEGRACIÓN DE NUEVOS
MOLDES Y ALTERNATIVAS QUE
AGILIZAN LA COSECHA GLOBAL

PROYECTOS MODELOS

Festivales

Un Festival (tanto en República de Gozo™ como en Fiesta Mayor™) es una celebración en grande, con arte, cultura, música y mucho más. Es un festival de vida que no es religioso sin embargo celebra y exalta a Jesucristo.

En un ambiente sano, para la familia con kioscos y talleres diarios con ayuda inmediata y programas de larga duración se hace un trabajo social responsable que dejará resultados en el área cubierta. Esto acompañado de conciertos y presentaciones que traen verdadero gozo y nos muestran el propósito para el cual fuimos creados.

Cada noche se lleva a cabo una Concentración Masiva donde se entrega el mensaje de salvación y esta es seguida por un concierto donde jóvenes y adultos se unen a celebrar y adorar a Jesucristo.

J.A.Pérez hace el llamado cada noche. Cientos pasan a recibir a Cristo y esto es seguido por la integración donde todos los estudiantes que han sido entrenados en la EEC los recibirán por zonas para llevarlos a las iglesias y ocuparse de sus necesidades inmediatas.

Durante el día en el estadio, médicos y consejeros asisten a las familias necesitadas. No solo con medicina y ayuda humanitaria, también sus necesidades espirituales son ministradas. Muchos se entregan a Cristo durante el día, lo que pasa a formar parte de la gran cosecha en el evento general.

Payasos, mimos, y un sinnúmero de presentaciones culturales desfilan en cada una de las plataformas del festival alcanzando a niños de todas las edades. También conciertos y talleres juveniles toman lugar durante el día en las diferentes carpas alrededor del estadio.

Carpas con talleres para la familia y temas para matrimonios, madres solteras, mujeres maltratadas, enfermedades contagiosas, adicciones, etc. operan durante todo el día alrededor del estadio. También Cristo es presentado y muchos son alcanzados de esta forma.

Cada noche, presentaciones musicales dirigidas a la cultura y región comparten la plataforma. También al cierre del alcance evangelístico, un gran concierto concluirá la noche.

Visite nuestra página de festivales en: www.japerez.org

157

Entrenamiento

Escuela de Evangelismo Creativo™ El objetivo de EEC es comunicar el Evangelio de Jesucristo por medios originales y creativos que envuelven música, artes, deportes, cultura o cualquier otro elemento imaginativo.

Proceso

Es un sistema de entrenamiento que enseña Evangelismo como un estilo de vida usando: 1-Los talentos obvios de cada individuo. 2-El medio ambiente en que se desenvuelven los mismos.

Práctica

Ya sea con el Proyecto República de Gozo™, Fiesta Mayor™ o cualquier otro alcance o festival, en áreas donde se llevan a cabo estos proyectos paralelamente se lanzan extensos trabajos de evangelización. Desde la preparación (meses antes del evento) hasta el seguimiento (meses después del evento), los evangelistas de la Escuela de Evangelismo Creativo™ toman parte activa en la propagación del Evangelio en su respectiva ciudad.

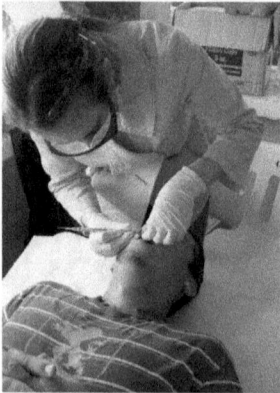

Misiones Humanitarias

Una misión humanitaria une a aquellos que han sido grandemente exitosos con los menos privilegiados de la sociedad. Por este medio, nos enfocamos en los pobres de cada ciudad o región, aquellos que han sido dañados por alguna catástrofe, o simplemente han crecido en un ambiente que carece de oportunidades.

El alcance consiste no solo en el auxilio rápido a una necesidad inminente. También organiza programas no solo para ayudar al que tiene hambre, sino que aparte de eso, lo involucra y enseña poniendo en sus manos herramientas para que se pueda valer por sí mismo y le educa para sacar a su familia hacia una mejor forma de vida.

La *Asociación JA Pérez* trabaja arduamente para mostrar el amor de Cristo por medio de alcances a familias en necesidad. Eso se hace por medio de las Misiones Humanitarias las cuales operan paralelamente a los Festivales y concentraciones masivas.

Semanas antes de un evento masivo, contingentes de voluntarios visitan regiones que han sido dañadas por algún desastre natural o lugares que simplemente permanecen bajo altos niveles de pobreza.

Una vez detectadas las necesidades de cada zona, se toma manos a la obra. Equipos visitan las familias en necesidad con asistencia médica, provisión de medicamentos y alimentos, y a la vez se integran programas a largo plazo que incluyen campañas de vacunación, programas para desnutrición (especialmente en infantes), desparasitación, y educación que trabajando coordinadamente con el evento en esa ciudad dejará un seguimiento a cargo de instituciones locales, iglesias y programas de los gobiernos.

Para información en cuanto a festivales y eventos en su nación puede contactarnos a:

Asociación JA Pérez
P.O. Box 211325
Chula Vista, CA 91921 USA
(619)377-4377
www.japerez.org